AF455431

JUSTICE!

M. DE LAMARTINE.

JUSTICE!

M. DE LAMARTINE

PAR

M. E. COPPIN.

PARIS,

IMPRIMERIE FRANÇAISE ET ANGLAISE DE E. BRIÈRE,
257, RUE SAINT-HONORÉ.

1865

Mon cher Monsieur,

Les œuvres de réparation, de *justice*, comme vous le dites fort bien par votre titre, sont de rudes entreprises, et, je l'avoue, quand j'ai commencé la lecture de votre brochure, j'ai craint de continuer. Quand la société laisse s'isoler une célébrité, il me semblait téméraire à un individu (quelque puissante que pût être sa personnalité) de vouloir ébruiter sa retraite et de la désigner du doigt à un siècle indifférent.

Eh bien ! vrai, la témérité que je redoutais tant, vous me l'avez fait aimer ! la réparation si légitime sera accomplie, je l'espère, et il sera beau d'entendre, en pleine décadence de généreux sentiments, une voix jeune et fraîche faire jaillir de sa poitrine indignée de ces accents amis qui vont provoquer chez tous des applaudissements sincères et un heureux retour en faveur d'un héros méconnu.

Oui, comme vous, cher Monsieur, j'aime M. de Lamartine ; comme vous, je me suis laissé charmer par toutes les harmonies de ses talents multiples ; comme vous, j'ai vu vivre cet homme prédestiné, dominant notre époque de toute la hauteur de son imposant génie ; comme vous, je l'ai vu tomber, et peut-être ensemble nous le verrons mourir, et, le cœur serré et l'effroi dans l'âme, comme si un malheur public venait de tourmenter le monde, nous nous écrierons avec le bon curé qui ferma les yeux de Bossuet : « Que de lumières éteintes ! ! ! »

Je ne puis, en effet, me rendre maître d'un certain saisissement douloureux, quand je considère cette figure, aujourd'hui sur le seuil de l'éternité dont elle prévoit les lumineuses clartés, jetant un regard calme, mais mélancolique, sur ce passé glorieux, qu'il a traversé en faisant le bien, donnant libéralement à l'humanité contemporaine qu'il dirigea et son or et ses conseils; je suis presque sûr qu'arrivés au bord de la tombe, ces grands génies se sentent plus près de Dieu, et pour ainsi dire transfigurés au contact de ce ciel dont ils entrevoient les bienheureuses portes; ils se détachent peu à peu de ce monde qu'ils ont éclairé, et Dieu leur accorde en secret une apothéose que le siècle, indifférent jusqu'au bout, leur a refusée.

Il vous appartiendra, Monsieur, et ce sera votre honneur, de forcer la France à rendre à cette illustration ce qui lui est dû ; un homme célèbre a dit: « Criez toujours, même dans le désert, on est toujours entendu de Dieu et de sa conscience. » Le cri que vous poussez est trop convaincu pour qu'il n'ait pas d'écho dans les cœurs français, et j'ai l'espoir assuré que votre œuvre justement enthousiaste apportera à cette majesté tombée, dont vous voulez affermir les derniers pas dans la vie, comme une fleur du printemps aux vives senteurs qu'il voudra transplanter au tombeau de famille, afin de pouvoir embaumer longtemps le funèbre repos. En revanche, votre pieuse action aura acquis la sympathie des cœurs honnêtes.

Des bords du Rhin, ce 17 juillet 1865.

MONTBRUN.

JUSTICE!

M. DE LAMARTINE

Il accuse et son siècle et ses chants et sa lyre,
Et la coupe enivrante où, trompant son délire,
La gloire verse tant de fiel,
Et ses vœux poursuivant des promesses fidèles,
Et son cœur et la muse et tous ces dons célestes,
Hélas ! qui ne sont pas le ciel.

Un des plus grands spectacles qu'il soit réservé de voir dans notre siècle, si fécond en grands événements de toutes natures, c'est la lutte que soutient M. de Lamartine.

Lutte sublime dans son genre et sans égale pour ses causes dans l'histoire des hommes illustres.

Une des plus grandes leçons des vicissitudes des choses humaines, de l'inconstance du cœur et de l'esprit des hommes, sera gravée sur les annales des peuples, et la froide impassibilité d'une époque civilisée envers l'homme de bien malheureux, méconnu, persécuté et appauvri par son bon cœur, sera apprise par les générations à venir.

Triste, mais juste, l'histoire littéraire dira : On a vu, au milieu du dix-neuvième siècle, traduit aux bans des accusations, alors qu'il était aux prises avec l'adversité, l'homme qui fut l'orgueil d'une nation, le chef de l'école poétique du cœur; celui qui, pendant un demi-siècle, avait tenu les esprits attachés aux accents qu'il laissait échapper de sa lyre.

Oui, elle dira que celui qui fut tout à la fois aussi philosophe que Platon, aussi sage que Socrate, aussi patriote qu'un Spartiate, a été vu, seul, courbé et blanchissant sous le poids d'un pénible labeur, grand et digne dans ses revers, faisant face à ses adversaires et aux différentes nécessités qui le pressaient de toutes parts; elle dira qu'il fut soumis à de bien terribles épreuves, et qu'il nous a légué un passé beau pour les lettres, beau pour l'histoire, beau pour sa patrie, et que ce passé était marqué de stations funèbres, devant lesquelles, prosterné, il exhalait à la nature ses sublimes cris de douleur, au ciel ses douces prières, aux hommes sa résignation et son courage, apprenant à tous la crainte de Dieu, l'espérance de l'âme, les délicates joies du cœur ; tandis que, pour lui, son sourire à peine commencé était aussitôt brisé par une larme, et que son front, sillonné des coups du malheur, ne pouvait plus refléter les rayons de la joie.

Elle dira encore qu'on a vu le génie passer, seul, au milieu de la foule inconstante, s'enveloppant d'un silence si grand, si magnifique, si éloquent, qu'il disputait à l'aigle la majesté de son vol, à la foudre ses effets les plus puissants.

I

Homère, rapporte la tradition, était un aveugle de l'Arcadie. Il allait de ville en ville, chantant ses vers sur la lyre, partout bien accueilli et regardé comme un dieu. Les pasteurs et les chasseurs de ces contrées primitives étaient fiers de l'entendre, de le posséder, de lui donner la meilleure place à la table du festin. Il fut le plus heureux des poètes !

Virgile, par la beauté et la richesse de ses vers, arracha des mains d'Auguste la possession de son modeste héritage : l'amitié des citoyens romains pour le cygne de Mantoue est le plus bel éloge qui puisse être cité en leur faveur.

C'était alors un grand siècle, car on aimait et on respectait les poètes !

L'ignorance, les préjugés, les opinions de différentes sectes, les susceptibilités des grands, les guerres civiles, firent périr, dans le cours de plusieurs générations, de grands poètes, de grands orateurs.

On les tua, mais on ne les déshonora pas.

Leurs œuvres ont survécu à la haine de leurs ennemis ; les mains qui les ont frappés sont restées à jamais l'objet d'une flétrissure universelle.

Les innovateurs de systèmes politiques nouveaux ont vu s'ameuter autour d'eux les haines des populaces ignorantes et des castes privilégiées; ils ont été poursuivis par les huées et les coups. Ces petites vengeances servirent de piédestal à leur avenir, et ceux-là, du moins, n'ont pas été blessés dans leur amour-propre d'hommes libres et dans leur talent d'écrivains.

L'erreur ne s'en prenait qu'à des idées avancées, alors mal interprétées, leçon de tous les siècles, basée sur les préjugés, que le génie aura toujours pour adversaire et qu'il combattra toujours.

II

Eh bien! M. de Lamartine a eu autant de souffrances, de travail, de mérite, sans obtenir autant de gloire, d'honneur et de justice.

Les outrages lui sont arrivés de tous côtés.

L'insulte, et nous osons dire la raillerie, est venue, sans relâche, mugir autour du vert laurier du poète, faisant entendre un concert de plaintes clandestines.

On a vu s'acharner après lui la basse jalousie qui erre dans l'ombre, serpent maudit se glissant à la suite de nos célébrités, leur soufflant le mal, afin de mieux les perdre, toujours prêt à les étreindre de ses replis funestes, s'ils viennent à tomber.

On a vu aussi les passions sans pudeur que la politique enfante planter leur sombre drapeau sur le peu d'espace qui lui est encore réservé dans ce champ de la vie, et, ainsi en embuscade sur son passage, lui dire : « Tu ne passeras pas sans renier ce que tu as écrit, et sans proclamer au monde entier la vérité de nos opinions, de nos croyances, que tu as combattues. »

En si beau chemin, l'infamie n'a pas stationné, elle a essayé de lui ravir l'honneur, ce bien plus cher que la vie et qui s'inscrit pour toujours, pur ou souillé, au livre généalogique de la famille.

Cependant, si elle n'a pu mordre, elle a tacheté de sa bave impure les grands traits de son désintéressement et de son abnégation pour tous les titres et les honneurs.

Qui en effacera la trace? Après le jour de colère naîtra celui de la réparation légitime. Le temps fera disparaître, sous son souffle de justice, ces injures d'un moment, et le poète et l'homme de bien se montreront à la postérité avec leurs grands travaux.

Mais la calomnie, par les divers articles qu'elle a publiés, n'aurait attiré que du mépris ou plutôt de la pitié, si un public trop crédule et trop souvent abusé n'avait pris ces écrits à la lettre; c'est ce qui explique ce cercle d'indifférence qui s'est tout à coup formé autour de M. de Lamartine.

Ensuite, il a parlé le langage du cœur à ce siècle qui ne veut plus en avoir. Il s'est élevé contre les passions, alors qu'elles avancent au plus haut degré leurs prétentions. Il a combattu l'erreur, défendu la religion, la morale, les mœurs, la famille, toutes ces saintes choses que l'on tente de détruire et que l'on juge inférieures à notre progrès et dignes d'une autre époque.

Il a écrit l'histoire avec trop d'impartialité. Il a exposé avec trop de lucidité les vices des uns, les faiblesses des autres, l'ambition du plus grand nombre, l'erreur des entraînements des partis, le noble but qu'ils se proposaient à côté des fautes qu'ils ont commises, leur chute si voisine du triomphe, les grands crimes toujours précédant les grandes choses, la vérité toujours méconnue par ceux qui prétendent le plus la servir. Il a suivi avec développement la pensée humaine dans ses aspirations, ses efforts vers la liberté; il a analysé avec art et sentiment la puissance de ce levier immense qui soulève dans sa course rapide un monde nouveau de lumière, de justice et de progrès, et lutte sans cesse contre les ruines menaçantes d'un parti inspiré d'idées rétrogrades, de vieux systèmes, de tendances conservatrices pour des abus tombés. Il a jugé l'homme, non par le nom, mais par le talent, par ses services, et non par ses alliances; il a été le démocrate intègre de l'intelligence, de la justice et de la vérité, tout en cherchant le vrai dans les faits, les effets d'après la cause et la cause dans son origine. Il a démêlé avec habileté la rumeur du carrefour et la voix de la nation, l'élan de la masse d'avec le tiraillement du petit nombre, la Révolution d'avec le désordre, fissure du grand volcan. Il a vu Dieu dans le peuple et l'homme dans un seul homme quel qu'il soit; il a eu une page éloquente pour le vaincu comme pour le vainqueur. Il a couvert la victime d'un voile de martyre et son juge du manteau de la clémence : il n'a vu en eux que des défenseurs du salut de leur patrie. Il a été bon, quand tous avaient été coupables, faisant tourner au profit des peuples l'enseignement des grands exemples, leur montrant les grandes choses à accomplir à la lueur sanglante des grands sacrifices humains : les droits de l'homme au-dessus des privilèges féodaux. Au sommet de la gloire, il a mis l'amour du pays ; au-dessus du dévouement, le devoir ; au-dessus du devoir, l'humanité. Sa plume, juste et sévère, a passé comme le rouleau du laboureur sur les différentes opinions, sur les théories de tant d'orgueil encore debout dans la lice des combats, et, quand le vent de l'adversité souffla sur sa maison, elles se relevèrent pour le frapper avec plus de violence.

Ainsi, il a pu de nouveau se convaincre que les haines des partis ne respectaient plus rien, que les opinions se levaient comme des spectres à la Macbeth pour insulter et déchirer ceux qu'ils regardaient comme ennemis, et que, derrière ces deux mots : Progrès et Civilisation, se cachaient bien des abîmes.

III

Il nous semble que la modestie du silence de M. de Lamartine devrait être une barrière, sinon infranchissable, du moins digne de respect, pour imposer à ses ennemis.

M. de Lamartine a trois choses sacrées qui doivent faire taire toute accusation, suspendre toute attaque dirigée contre ses œuvres, ainsi que contre ses actes politiques et sa vie privée, surtout quand le bien et le beau ont été le mobile de chacune des actions qui doit présider aux actes de la vie de l'homme :

D'abord son génie dont les nombreux éclairs brillent dans plus de cinquante volumes.

Puis, le travail d'honneur qu'il s'est imposé, afin de remplir les engagements intimes qu'il a contractés envers ses débiteurs.

Puis, les grands services qu'il a rendus au pays.

Et, outre sa couronne de poète, celle que l'âge lui a donnée, formant une double auréole de grandeur, qu'en tout temps et en tout pays les convenances ont reconnue, les usages admise, et que le temps nous impose et nous force à proclamer. *Agrandissement d'années, élargissement d'intelligence*, disent les Persans dans leur proverbe.

Nous ne parlerons pas des nombreux bienfaits qu'il était jadis si heureux d'accorder ou même de faire accorder par la faveur de ses amis, de ses connaissances dispersées sur tous les coins du globe, de la bienveillance qu'il mettait à délivrer des emplois, alors qu'il occupait pour la France des postes élevés, des attentions délicates qu'il apportait au soulagement des malheureux et par ses aumônes et par ses bons conseils, de l'intéressante sollicitude qu'il a toujours témoignée en faveur des classes pauvres et ouvrières, qu'il a prouvée par ses actes, par ses brochures et par ses fondations d'asiles destinés à élever leurs enfants, à les instruire et à leur procurer des moyens de pourvoir à leur existence.

Qui, dans nos jours d'égoïsme, osera comparer ses bienfaits avec les siens, compter ses bonnes actions avec les siennes? Quel nom s'avancera pour s'inscrire sur la même ligne au frontispice du temple de la Charité?

Il était l'ami intime de l'homme des champs, de l'ouvrier des villes et des campagnes, du prêtre, du modeste instituteur, de tout ce qui sur la terre croit, souffre, espère et prie.

Tout dans sa vie eut un but. Ses voyages, source vraie de beaux ouvrages, provoquèrent une admiration dont la France, cette patrie du génie, eut un brillant reflet. Il laissa sur son passage, dans les diverses contrées qu'il visita, des traînées lumineuses de ses bonnes actions.

Il sema, sans ostentation, les flots de ses pensées au sein des ruines gémissantes et délaissées de la Grèce, comme sous la tente de l'Arabe du désert, et, à quelques années de distance, l'Europe put admirer deux génies : l'un perdu dans les solitudes de l'Amérique, écrivant, sous la hutte du sauvage, les beautés de la nature vierge et la grandeur du Christianisme; l'autre, debout sous les portiques d'un temple de Balbec, réveillant les abîmes du temps par le récit des chants bibliques: Châteaubriand et Lamartine plantant leur croix au champ de l'avenir.

A chacune des mauvaises attaques dirigées contre lui, M. de Lamartine a toujours répondu par le travail ou par de franches et courtes explications, jamais il n'invoqua son passé, il ignora même qu'on pût appeler en cause un passé aussi glorieux; mais ses délateurs devaient en garder mémoire.

Or, ce fut en tout temps un grand malheur pour les générations qui virent les chutes de leurs célébrités et assistèrent impassibles à la lutte des grandes infortunes; célébrités qui les ont honorées et élevées devant les autres nations; infortunes qui les ont condamnées et abaissées dans leur jugement, signe positif de la décadence d'un peuple.

Cette profonde ingratitude entourant le grand poète sera l'arrêt de condamnation de notre époque, et le sentiment qui naîtra dans les âges à venir sera celui de la réprobation.

Si, dans ce cadre restreint, nous ne pouvons examiner la grandeur et l'utilité des actes politiques de M. de Lamartine, jetons néanmoins un coup d'œil rapide et vrai sur le point de vue sous lequel il s'offre à l'histoire.

M. de Lamartine n'a jamais été l'homme d'aucun parti, et, par conséquent, n'a jamais pu avoir le privilége d'obtenir les faveurs qui se rattachent à tel pouvoir, et, cela étant ainsi, il n'a pu s'astreindre à vivre avec tel patronage de familles puissantes, d'y servir contre sa volonté leurs opinions et de se traîner à la suite d'un drapeau qui n'était pas le sien.

Il y eut deux hommes en lui : l'homme de famille, c'est-à-dire l'homme au sang noble, aux traditions aristocratiques;

Puis, l'homme de génie, l'homme à la poétique nature, aux idées nouvelles.

Si le sang et le cœur parlaient haut, l'esprit et l'âme n'avaient pas de moindres cris.

A d'antiques préjugés de race le philosophe ne pouvait céder le pas.

A des idées trop libérales le poète ne pouvait sacrifier le glorieux blason de ses ancêtres.

Entre ces deux courants opposés, sans penchant pour aucun pouvoir, plus heureux que beaucoup d'autres contemporains de ce siècle, il adopta l'indépendance, et l'expérience lui apprit à ne servir que l'humanité.

Homme de conviction, mais de conviction sincère, loyale et mesurée dans les bornes du possible, il adopta franchement, sincèrement et avec joie le progrès, se rangea sous sa noble bannière, en devint l'un des principaux moteurs et en même temps l'un des plus zélés défenseurs.

Mais c'est d'un progrès lent et réfléchi dont nous parlons, modeste par ses principes, grand par ses bienfaits, favorisant le commerce, l'industrie, les beaux-arts, la justice, et élevant la religion et la morale, bases de tout édifice social.

D'un progrès, favorable aux intelligences d'élite, nécessaire aux classes laborieuses, noble sujet d'orgueil pour chacun, aimé de tous et utile à tous.

D'un progrès, sans secousse, ni révolution, d'une marche appropriée aux circonstances et proportionnée aux forces intellectuelles des populations chez lesquelles il opère ; en un mot, d'un progrès qui élève sans détruire, consacre au lieu d'effacer, inspire du respect, alors même qu'il abaisse ses ennemis et calme les haines des partis, et que l'on regarde comme l'aurore d'une ère régénératrice.

Subtil politique, habile négociateur, doux et loyal dans ses rapports, probe et grand dans ses services, sincère dans ses convictions, dévoué dans ses attachements, digne de foi dans ses discussions, toujours protecteur du faible et de l'opprimé, logicien accusateur contre les puissants et les dominateurs, défenseur passionné des grandes causes ; toujours on le vit intrépide aux jours du danger et soumis au jour de la paix.

Sa politique dans différents cas très-graves fut d'une prévoyance extrême, d'une sagesse même digne des beaux jours d'Athènes. Ayant étudié pendant de longues années les rapports entre les événements passés et les mouvements de son siècle, ayant saisi et reproduit avec un habile talent les différentes épopées de la grande Révolution, il était très-apte à juger la chose publique.

Son doigt suivait, sans dévier, la ligne qui traçait le bien et le mal d'un gouvernement, les défaites et les réformes, les besoins et les alliances, l'indignation ou la satisfaction du pays.

Un roi de France, habile diplomate, sachant le juger, le regardait, non comme un ministère, mais comme un ministre.

IV

Homme de son siècle, et un des plus propres à le comprendre, à le servir dans ses bons mouvements, à le sauvegarder dans le danger, à l'éclairer dans son imprévoyance, il sut modifier et diriger ses opinions en raison des circonstances variées dans lesquelles il s'est trouvé et des dispositions de l'esprit populaire qu'il a traversées, et cela, pour le bien du peuple, malgré les efforts des partis opposés, malgré les murmures s'élevant contre lui, sans craindre de combattre au milieu des périls les plus graves. Il parlait aux rois avec la même loyauté qu'à la multitude, et on l'écoutait avec recueillement, et son jugement pesait avec force dans la balance des décisions, des événements; cependant, plus d'une fois on oublia ses avis, mais l'avenir, la voix forte des révolutions, lui donna raison.

Quelle grande leçon il a donnée aux hommes ! Il fut toujours le même dans ses principes ! Son cœur n'a pas changé, car les désirs de l'homme de bien tendent toujours au bien ; on sait que pour y parvenir il est parfois obligé de changer de chemin, de langage, de prendre différentes formes, de feindre de se séparer d'idées professées et reconnues siennes, pour en manifester d'autres contraires à ses principes, à ses maximes.

Est-on coupable pour chercher le bien-être et la prospérité de la France, ainsi que le bonheur de l'humanité ?

Ceux qui ont jugé M. de Lamartine sur les apparences lui ont reproché trop de légèreté et trop d'inconstance dans ses opinions politiques ! erreur des plus graves.

Que n'ont-ils reproché aux événements de suivre des cours différents, de se heurter dans les ténèbres de l'incertitude, de prendre des marches ou trop lentes ou trop rapides; aux idées, de suivre différents drapeaux, de pratiquer plusieurs principes incohérents, d'admettre des erreurs fascinatrices; aux peuples, leur inconstance, leur légèreté, leur ignorance, leur oubli, leurs passions, leur grandeur, si belle parfois, leur nullité, trop souvent si effrayante aux moments décisifs, ils eussent été plus logiques dans leurs assertions.

Mais est-ce au nautonnier, à la barque flexible, de commander à la mer et aux vents? Est-ce à lui d'imprimer le flux et le reflux à la vague capricieuse ? Et, quand la mer furieuse secoue sur ses flots écumants la barque du matelot comme une feuille d'algue marine arrachée au rocher, n'est-il pas prudent au nautonnier de s'abriter au port qui s'offre à ses regards et à sa portée, plutôt que de continuer à naviguer, afin de choisir à travers les périls de la tempête un port de sa patrie et de son goût?

Et qu'est-ce donc quand ce nautonnier tient entre ses mains deux timons; celui de l'Etat et celui de la Poésie? sous le poids de quelle responsabilité ne sent-il pas courber son intelligence?

N'est-ce point habileté de sa part quand, au milieu des événements politiques qui surgissent à chaque moment autour de lui, il gouverne bien et aborde avec sécurité et profit dans une voie nouvelle?

Oui, M. de Lamartine s'est vu dans différentes positions, pressé par la nécessité, obligé de changer de langage et de mouvement politique, car cet homme a beaucoup vécu, sa vie fut un perpétuel travail, et il s'est trouvé mêlé à presque tous les grands événements politiques de ce siècle.

Que faut-il en conclure après cela? Lui-même a écrit: « Celui qui n'a pas changé n'a pas vécu, puisqu'il n'a rien appris.....

» Il est donc non-seulement permis de changer en vivant, mais c'est un devoir de conscience. Bien entendu que cette théorie de changement s'applique à l'esprit, mais non au cœur. »

M. de Lamartine n'est pas le seul auquel on ait reproché un changement d'opinions.

Même fait a eu lieu à l'égard de M. de Lamennais.

Voyons ce que l'illustre penseur a répondu : « Ceux qui annoncent hautement la prétention d'être invariables, qui disent: « Pour moi, je n'ai jamais changé, ceux-là s'abusent, ils ont trop de foi dans leur imbécillité; l'idiotisme humain, même soigné, même cultivé sans relâche, avec un infatigable amour, ne va pas jusque-là, ne saurait atteindre cette perfection idéale. »

Il n'y a qu'une conscience intègre qui puisse tenir un aussi ferme langage et juger avec une semblable puissance.

M. de Lamartine a donc changé par nécessité et circonstance, et ce changement s'est fait pour le bien général, pour la cause publique, et tout homme vraiment grand a fait et fera de même.

Et au milieu de ces différentes complications gouvernementales, il sut, avec une sagacité merveilleuse, deviner les instincts des peuples : ceci tient à ses voyages, à ses fréquentes relations avec les hommes de tous les partis avec lesquels il était lié; c'est dans l'intimité de la conversation qu'il a recueilli les détails des grands faits politiques de notre histoire, qu'il a pris leur jugement sur les choses passées, recueilli leur expérience, qu'il a acquis ce tact si délicat qui lui fut si incontestablement reconnu. Ainsi, il se trouva être jeune et vieux tout à la fois, jeune par l'âge, vieux par l'expérience. Sa jeunesse résumait un siècle, et quel siècle ? Le dix-huitième !

Il étudia avec persévérance et amour les mouvements généreux des classes pauvres, scruta d'un œil loyal leurs vices et leurs passions, vit leur manque d'instruction, leur grossière éducation, et les efforts de son intelligence tendirent sans cesse au développement des écoles ; mieux que pas un il connut les misères du pauvre, ses besoins journaliers, ses peines, son dur labeur, son bonheur de famille, ses grandes vertus cachées sous une dure enveloppe, et, sans cesse, il fit fleurir dans le cœur des malheureux l'espérance, ce rameau de la Providence placé sur la terre comme le fanal qui doit éclairer et la vie et la mort. D'un regard, il embrassa tout pour se donner à tous.

L'homme qui sut si bien pratiquer et enseigner la justice et la liberté en faveur des classes pauvres était et devait être d'un grand poids dans les cabinets européens. Aussi, plusieurs fois, le voyons-nous, maître de la situation, arrêtant l'Europe sur une pente fatale, maîtrisant les circonstances avec une puissance d'énergie supérieure, refoulant avec adresse et force la guerre et les haines des rivalités prêtes à se déchaîner ; et, qu'on le remarque bien, ce n'est pas au prix de quelque lâcheté, ni de quelque souillure infligée au front d'un faible ou d'un coupable, ni au détriment de quelques provinces sacrifiées à l'ambition tyrannique qu'il fait régner l'ordre; non, c'est par le développement d'un raisonnement absolu, par l'exposé frappant d'une situation naissant d'un conflit, aggravant la position au lieu de l'éclaircir, par la force de son raisonnement, par l'autorité de ses actes.

Son courage et son zèle furent reconnus dans maintes épreuves. Il grandissait en proportion du péril, s'élevait en raison de la situation. Il avait des serres pour étreindre le mal et des ailes pour porter la paix aux nations.

Aussi, toutes les nations civilisées l'ont reconnu comme un sage médiateur, comme un juge, l'emblème de la paix et de la justice sur la terre; car c'est avec confiance et franchise qu'elles remettaient leurs causes entre ses mains, qu'elles en appelaient à sa profonde sagesse pour les défendre. De nombreux témoignages de reconnaissance et d'amitié sont venus l'honorer à différentes époques dans sa retraite. Qu'il est beau d'être simple après avoir été si grand! que l'hommage du souvenir est agréable à recevoir!

Sa place est marquée entre le peuple et les chefs de partis.

C'est la main qui guida les uns, gouverna et maîtrisa les autres, l'œil qui surveilla la vérité comme le mensonge, la confiance comme la ruse, la force qui terrassa l'esprit de rébellion, le souffle libérateur qui régénéra la société après la révolution de 1830.

Laissons parler M. Jules Janin dans l'introduction du poème de Jocelyn. (Edition de 1847.)

« Beau spectacle, celui-là! cette grande France, secourue dans ses moindres intérêts par de si grands hommes, de pareils poètes qui arrivent de si loin tout exprès pour parler de chemins vicinaux et de sucre de betterave (M. de Lamartine venait de l'Orient). Beau spectacle surtout! M. de Lamartine entrant dans cette Chambre des députés, à l'instant où tant de viles passions sont soulevées; à l'instant où les ambitions du plus bas étage montent à la surface comme l'écume après l'orage, à l'instant où tout est désordre dans la langue poétique, dans la langue morale; à l'instant même où tous les mots de la prose française ont changé d'acception. Aussi, la postérité seule saura dire l'influence d'un pareil homme sur son temps. Il apportait dans ces tumultes une âme calme et sereine; parmi ces lâchetés, un esprit fort, une conviction généreuse et désintéressée au milieu de tous ces doutes égoïstes. De même qu'il s'était fait une poésie à son usage, il s'était fait une politique à son usage, généreuse, désintéressée, planant fièrement au-dessus des intérêts médiocres, laissant de côté les petits hommes, les petites choses, les petits événements vulgaires de cette arène misérable où piétinaient les partis. Il s'était fait un vaste champ de bataille où il marchait, enseignes déployées, sans souci de l'émeute honteuse du carrefour ou de la clameur obscure du journal; et après tout: *Qui m'aime me suive! Dieu et mon droit!* C'est Dieu qui mène le monde, enfin. Aussi, c'était merveille de voir M. de Lamartine, de l'entendre parler quand il s'élevait au milieu de ces orages. Vous vous rappeliez tout d'un coup le *Forte virum quem*, de Virgile, et le *Conspere silent.* En effet, l'orage se taisait, les honnêtes bourgeois entassés dans cette Chambre, se sentant dominés par cette intelligence d'élite, n'osaient pas l'interrompre; mais, au contraire, ils suivaient l'orateur, d'un regard surpris et incertain, dans les magnifiques développements de sa pensée.......

» Il parlait de l'avenir de l'humanité tout comme il avait parlé des destinées de la poésie.

» Le poète finit bientôt par prouver à tous qu'il était un homme politique, etc.... »

V

Après le poète et l'orateur vient l'homme dans sa vie privée. Examinons-le brièvement dans cette nouvelle position.

On sait avec quelle rapidité étonnante, après de longues années de travail et d'attente, il arriva au chemin de la célébrité et en franchit les différentes étapes. Une fois en marche, le génie ne peut plus s'arrêter, il déploie ses ailes, contemple l'espace et plane librement dans les airs, la foule s'étonne de reconnaître au-dessus d'elle celui qu'elle avait méconnu et heurté sur son passage.

En ces jours, sa position était belle. Riche par la dot de sa compagne, par un magnifique héritage que lui légua un de ses oncles et par la vente de ses ouvrages, il était l'homme le plus heureux de la terre, non tant parce qu'il possédait la fortune, mais parce qu'il pouvait faire le bien, il était satisfait et content de ce que sa bonté n'aurait pas été sollicitée en vain.

Pour lui, donner c'était prier, et son âme en deuil avait tant besoin de prière.

Et puis, comment, avec un cœur comme il en possède un, aurait-il pu écarter cette foule de pauvres qui se pressait sur ses pas? Par ses chants, on avait jugé le cœur. La pensée avait réfléchi l'âme. Le chrétien s'était peint dans l'homme. La nature avait prêté ses grâces à l'ami de la religion, au peintre de la vertu, au bon génie de la famille. Jamais poète n'avait mieux pratiqué que M. de Lamartine ce conseil de Mme Staël : « Cherchez la divinité dans la nature et l'infini dans l'amour. »

Les invocations lui arrivaient chaque jour sous toutes les formes, sous tous les noms, dans toutes les langues, sous tous les attributs, et de toutes les régions de la société, de par tous les lazarets d'Europe et des quatre coins du globe.

Il distribuait ses aumônes, non point avec profusion, comme l'ont prétendu de mauvais critiques, mais, au contraire, il donnait sagement, en petite mesure. Il semait quelques bonnes actions au sein de la foule, essuyait en passant une larme à l'infortune, détruisait un découragement trop violent, arrêtait la misère au passage, arrachait d'honnêtes familles au déshonneur, donnait un vêtement à la pauvreté, conservait un toit de chaume à l'indigence, un bâton à la vieillesse. C'était le refuge de son département, le vaste manteau de bienfaisance qui longtemps abrita Paris et d'autres lieux.

Si de ces aumônes quelques-unes sont tombées entre les mains de quelques débauchés, de quelques bohêmes, en est-il responsable? Est-ce une raison pour l'accuser de prodigalités en termes mordants et railleurs tels qu'on l'a fait? Est-ce qu'à côté de la rose ne croît pas l'épine, et la pierre de trébuchement n'est-elle pas sur tous les chemins?

En vérité, chacun voudra commenter et interpréter à sa manière ses œuvres de bienfaisance, ses actions les plus intimes. On soulèvera impunément les voiles de son existence passée, même ceux de l'intérieur de sa famille. On compulsera pièce à pièce et avec parcimonie les dépenses qu'il aurait dû faire. On pèsera au génie son morceau de pain, la strophe du cœur, les dons de sa royale charité. On ira jusqu'à l'accuser d'être une des plus grandes célébrités de notre époque, parce qu'il possède toutes les vertus héroïques qui font les grands hommes, les hommes bénis du malheureux et de Dieu, les souffre-douleur de la pensée. L'envie et l'avarice lui en voudront d'être juste et bon ; elles ne lui pardonneront jamais d'avoir dédaigné ce qu'elles recherchaient si avidement : la gloire et les richesses.

Quoi, tout cela sera permis, et pas un seul cri de réprobation ne viendra jeter au front des calomniateurs l'indignation du mépris! Quoi, la loi aura été muette pour un pareil guet-à-pens!

Car, rien dans la vie de M. de Lamartine n'offre ni n'offrit prise à ces accusations infâmes, à ces argumentations mensongères.

Sa jeunesse, dirigée par une sainte mère, ne présente que des traits d'amour filial, de vertu et de bonté.

Ce qu'on peut prendre pour de la dissipation et de la légèreté dans d'autres natures n'est chez lui qu'un vif désir de connaître, d'étudier, de s'instruire, d'apprendre l'histoire aux lieux mêmes où les faits se sont accomplis, d'identifier sa pensée avec les grandes impressions que donnent à l'âme les ruines des cités habitées autrefois par de grands peuples et de grands hommes.

C'est pour cela qu'on le voit sans cesse errer sur des ruines, en Italie, en Egypte, écouter les grandes voix de la nature au milieu des Alpes.

« Il avait recueilli dans son âme, pour nous les rendre au centuple, les mélodies des vallons et de la montagne, les chants du deuil et de la joie, les bruits du lac et de la mer, les reflets de l'Italie et de la Grèce. »

Jeune, on le voit donnant ses regrets et ses sentiments à deux affections brisées, reportant à Dieu le poids de sa douleur et celui de sa vie.

Et c'est lui-même qui nous l'apprend, et c'est en pleurant que sa plume retrace le sanglant épisode de Sorrente, et c'est le crucifix sur les lèvres, brûlées par la fièvre, qu'il peint avec des larmes de sang la mort d'une amie.

« Mais les critiques austères et âpres, ces hommes qui délaient jusqu'à nos larmes dans leur encre, pour donner plus d'amertume à leurs sarcasmes, n'ont pas pardonné à ces épanchements d'une âme de vingt ans. » (*Confidences.*)

Oh ! loyale franchise.

Puis, homme, nous le voyons placé au banquet de la famille, heureux de la satisfaction qu'il procure aux siens, reportant sur ceux qui l'entourent ses succès et ses triomphes, couronnant sa mère de son prestige et de son amour.

Quand le malheur vint moissonner autour de lui les plus tendres objets de son affection, il devient sublime, son cœur déborde de douleur, il chancelle entre ses tombes, il remplit sa solitude de ses sanglots, les cris de son âme l'environnent du sombre appareil du désespoir, il se heurte le front aux parois de ses murailles vides, malgré tout, il marche encore, ses pleurs se changent en chants harmonieux. Tel on voit le hêtre centenaire, au milieu des hautes futaies, lever sa cîme orgueilleuse et sillonnée des cicatrices de la foudre, tel il était grand et meurtri, imposant par sa noble fierté. Pour honorer cette gloire naissante, il fut nommé député et appelé aux honneurs de l'Académie.

Cependant, cette dernière couronne lui pèse, elle embarrasse ses mains, il ne sait plus à qui la reporter ; ce qui aurait dû être une cause de joie devint pour lui la source de regrets : La mort de sa mère étend sur sa vie une ombre funèbre, un voile de deuil, que la gloire elle-même ne pourrait plus soulever ; ces joies, ces succès, ces couronnes, qu'en fera-t-il ? Il ne peut plus les reporter qu'à un tombeau !

Comment vivait celui qu'on accusait de faste et de prodigalité ? toujours sans éclat de luxe et d'entourage ; la modestie régnait dans sa demeure, la simplicité dans sa mise et la frugalité sur sa table.

L'homme juste s'arrêtant à la porte de son toit, si calme, si hospitalier, ne manqua jamais de dire : Ici habite un homme de bien, ici est la Providence du maconnais, l'étoile des pasteurs.

VI

Nous l'avons entrevu comme poète, comme fils, comme chef de famille ; voyons-le maintenant comme homme politique (1).

Esquissons rapidement un passage de sa vie politique.

L'heure des peuples vient de tinter lentement ; c'est l'heure de la justice et de la colère : celle de 1848. Elle brise entre ses mains nerveuses les trônes de l'Europe, les plus forts et les mieux gardés, comme elle ferait de fragiles hochets.

Cette heure fut la sienne. Celle que la Providence lui réservait, afin de sauvegarder la grandeur de sa patrie, les trônes de la terre et de leur préparer pour l'avenir des voies plus sûres et meilleures.

Membre du Gouvernement provisoire, de ce poste imminent, il gouverna en même temps et l'Europe et la France et ses ministres et ses tribuns; terrible mission, lourde responsabilité, néanmoins digne de lui et proportionnée à sa taille.

Il représentait la France jeune, chevaleresque, traversant le torrent grondant et menaçant des révolutions, toujours fidèle à son drapeau : Dieu et l'honneur.

---

(1) Nous ne parlons point des places qu'il occupa dans les ambassades et comme ambassadeur, ni dans les ministères et comme ministre et dans les conseils privés du roi Louis-Philippe.

Sans doute, il ne pouvait se rendre maître de toutes les passions, il ne pouvait empêcher les haines politiques de s'embraser au volcan de la discorde, mais il sut détourner les partis des entraînements auxquels ils menaçaient de se livrer et paralyser les efforts de la violence.

Dans cette tempête universelle, son siége principal était l'Hôtel-de-Ville ; de ce poste redoutable, il tenait en main l'élan populaire et révolutionnaire qu'il admirait tout en le craignant.

De là, il voyait venir et attendait de pied ferme les délégations populaires, quelquefois furieuses, toujours hostiles, qu'il arrêtait par sa parole féconde ; ses accents sortis d'un cœur aimé refoulaient les piques et les canons, faisaient baisser la tête à l'émeute frissonnante d'impatience. Qu'il était beau ce fils d'ancien preux, abaissant sa lance contre la pique des faubourgs, disant au peuple en courroux: Tu n'iras pas plus loin, et tout mouvement de colère s'apaisait; le souffle rugissant des masses s'éteignait dans l'ombre; la révolte s'écoulait en longs flots, soumise, mais non corrigée, prête à revenir sous de nouvelles formes et avec un nouveau langage!

Quittant le siége de l'Hôtel-de-Ville, il s'élançait à la tribune, improvisait, avec un accent énergique et sonore, un de ces beaux discours, comme lui seul savait en prononcer, qui écrasait ses contradicteurs, dissipait les craintes, ramenait la confiance, donnait du courage aux faibles, intimidait les factieux, passait comme une rosée bienfaisante sur la France.

A l'extérieur, c'était le salut du pays, le pilier principal de la grandeur républicaine, la base de l'édifice social, le représentant le plus considéré, inspirant la confiance et le respect par ses manifestes, car cet homme est taillé à l'antique.

Ce n'est pas sans de grands dangers que M. de Lamartine gouverna la France. L'anarchie voyait en lui un ennemi puissant et sa colère se traduisait en des menaces écrites d'assassinat.

Si nous ouvrons les feuilles politiques de cette époque, toutes nous apprendrons les dangers auxquels il fut exposé et les embûches qu'il vit se dresser autour de lui.

Les menaces d'assassinat s'écrivaient par vingtaines, chaque jour, dans des lettres anonymes qui lui étaient adressées. Des complots étaient ourdis pour attenter à ses jours. Le principal de ces complots fut celui du 4 mai 1848.

L'anarchie essayait de mordre la main vigilante qui tenait si haut et si ferme les rênes du gouvernement, empêchait la guerre civile, le triomphe des perturbateurs.

Lui mort, la société expirait sur sa tombe.

La terreur reprenait son drapeau avec plus de vigueur, plus de haine, plus de dépravation qu'en 1793. La religion chrétienne et la famille étaient effacées du sol, remplacées par un assemblage de monstruosités inouies.

« Si les complots n'ont pas éclaté, si la menace n'a pas eu son effet, ce n'est point que le complot n'ait pas existé, ce n'est point que la menace ait été fausse.

» Non, nous le croyons, il y a quelques hommes qui rêvent l'assassinat, n'osant pas espérer la guillotine.

» Mais il y a des existences providentielles contre lesquelles les meurtriers ne peuvent rien.

» Ainsi, M. de Lamartine échappera à la mort, non pas parce qu'on essayera pas de le tuer, mais parce que Dieu ne voudra pas qu'on le tue. » (7 mai 1848, journal *la Liberté*.)

La Providence est avare de ses secrets, mais parfois elle se plaît à révéler les instruments qu'elle emploie ici-bas pour accomplir ses œuvres.

En une occasion solennelle, il fut son envoyé. Il remplit une haute mission, divine même : celle de sauver la France des plus terribles des anarchies. Pour cela, il fut roi d'un jour, plus roi que beaucoup de ceux nés dans la pourpre, qui en ont porté le titre, sans en connaître les dangers et la puissance.

Et ce n'est pas à la suite d'une grande bataille qu'il a conquis ce titre; non, c'est après avoir vaincu l'ennemi de la gloire nationale, de la tranquilité publique, de l'ordre, qui, armé du drapeau rouge, symbole de sang, instruisant par lui-même, s'avançait pour le planter en vainqueur sur la société vaincue.

On connaît sa phrase historique : « Citoyens, le drapeau rouge que vous nous apportez n'a jamais fait que le tour du Champ-de-Mars, traîné dans le sang du peuple, et le drapeau tricolore a fait le tour du monde avec le nom, la gloire et la liberté de la patrie ! »

Cet homme, relégué dans les modestes appartements de la rue Ville-l'Evêque, peut, non-seulement se flatter d'avoir été roi, mais d'avoir tenu sous sa main le sort de toutes les dynasties européennes.

Son règne n'est qu'une date, mais cette date est une époque.

Son trône fut le pavois populaire, la sanction fut dans les cœurs, générale, universelle.

Son sceptre, le plus beau de tous, fut celui du talent.

Sa tribune, le passé, le présent, l'avenir de la France.

Son auditoire, la société, qu'il sauvait du péril.

De ce sauvetage général et si rapproché de nos jours, quel souverain s'est rappelé l'humble conservateur des dynasties?

Si les uns ont oublié, beaucoup se sont souvenus, mais pour faire le mal.

Puis, quand il vit le calme et la tranquillité se rétablir, la liberté s'employer dans de sages mesures, comme un nouveau Sylla, il abdiqua pour se retirer au sein de la solitude, se livrer au doux culte des Muses.

Il contempla de loin le spectacle dont il avait été un des principaux acteurs, laissant à d'autres le soin de recueillir les fruits de son œuvre, toujours disposé à combattre pour son pays au jour du danger.

La source des richesses se trouve dans une haute position ; pour lui, ce fut le contraire.

De son pouvoir élevé il contracte des dettes. Il s'ennoblit une troisième fois par ses vertus patriotiques, profite de sa nouvelle position pour faire le bien avec plus de libéralité. Il devient pauvre à l'ombre du sceptre populaire. Il distribue les derniers lambeaux de sa fortune, hypothèque son dernier coin de terre, consomme sa ruine, et, pauvre avec les pauvres, il ose se dire : « Peut-être un jour on se souviendra de mes bienfaits. » Quelle erreur ! Celui que l'oracle de Delphes avait proclamé le plus vertueux des hommes fut accusé de corrompre la jeunesse et condamné à boire la ciguë. Les temps ont passé, les hommes n'ont pas changé.

Voilà la grande origine de ses dettes.

Nous allions dire la nouvelle source sacrée qui le fera entourer de respect et d'amour dans les âges à venir.

Eh bien ! si l'avenir doit lui rendre hommage, qu'en sera-t-il du présent ?

M. de Lamartine a trop de dignité pour se plaindre et trop d'abnégation pour obéir. Si la critique doit s'en prendre à quelqu'un, c'est à nous seul que revient la responsabilité de notre plume.

Qu'a-t-on fait pour celui qui avait si bien utilisé sa fortune et ses talents ?

Pour tant de gloire donnée au pays et aux lettres, qu'a-t-on sacrifié ? Quelle couronne d'or lui a-t-on jetée sur la tête ?

Au souvenir de cette royauté représentant un siècle dans un jour, quel monument a-t-on consacré ? Sur quelle colonne de bronze ou de mépris a-t-on gravé son nom ?

Est-ce par un pieux témoignage d'amitié ou par la plus profonde ingratitude que l'on s'est élevé à la hauteur de ses bonnes actions, de ses dons charitables ?

Ou plutôt, quelle somme a-t-on dépensée pour acheter cette robe d'indifférence avec laquelle on l'a couvert ?

Comment expliquer ces faits ?

VII

En 1862, les amis et les admirateurs de M. de Lamartine, pour l'aider à remplir ses différents engagements envers ses créanciers, organisèrent une souscription nationale.

Dans chaque pays, des comités de souscription s'organisèrent. Les familles s'empressèrent de prendre part à cette manifestation d'honneur. La reconnaissance allait enfin trouver une voie pour se faire jour.

A l'annonce de ce mouvement généreux, la coterie de la haine et de la jalousie se réveilla. Elle s'embusqua dans les colonnes de quelques feuilles de journaux équivoques. Les agents parcoururent les campagnes (ils sont puissants et nombreux), en poussant des imprécations, et dans leur folie allèrent jusqu'à accuser M. de Lamartine : l'accuser de ce que ses amis avaient organisé une souscription en sa faveur. Cependant, de semblables souscriptions avaient été organisées pour des princes, des poètes, des savants ; on se souvient de celle en faveur de M. de Chateaubriant.

A juste titre offensé de la conduite de ses ennemis, M. de Lamartine remercia ses amis de leur dévoûment et arrêta l'obole populaire. Sa résignation s'éleva au-dessus des débats qui s'engagèrent. Sa noble fierté ne voulut pas se mesurer avec de telles attaques.

D'une main il prit sa plume et de l'autre le bâton de voyage et il s'écria : travaillons. Mais il dit à la France : si nos forces ne répondent plus à notre désir de travailler, si les voix de la calomnie sont trop écoutées et deviennent trop fortes, nous secouerons la poussière de nos souliers, sur la terre de notre patrie, et nous irons, sur le rivage étranger, mendier un morceau de pain.

C'est alors qu'il commença la publication de ses œuvres (édition unique) enrichies de notes, de documents nouveaux et authentiques, une des plus belles collections de volumes de poésie, de philosophie, d'histoire. En tête du premier volume se trouve cette sublime préface qui fut publiée, par un grand nombre de journaux, en France et en Europe.

Ce prolégomène fut celui de la mort : l'agonie. Douleur sur douleur, ses pages sont écrites avec des larmes. Après le *Gethsemani*, vient le chant de l'expiation : *le Miserere*.

Un incident se produisit dès le commencement de cette publication. Le 29 septembre 1861, un journal de Paris, bientôt reproduit par les six cents journaux de la capitale et des départements, contenait ces mots : « M. de Lamartine est tellement malade qu'il ne peut plus écrire, ni même dicter. »

Cette nouvelle était fausse, mais le coup était porté ; ce fut le signal de mille réclames ; les souscripteurs à ses œuvres s'alarmèrent, ils pensèrent que l'impossibilité de travailler où se trouvait, selon l'annonce, M. de Lamartine, était pour eux une cause de perte, la non réalisation de la publication.

On eut beau protester, beau répondre que, même en cas de mort, les souscripteurs recevraient la collection complète, mille contradictions naquirent ; une sorte de défiance s'empara des esprits ; de toute nécessité, il fallut, pour répondre aux sollicitations, devancer le terme des publications mensuelles, pour cela il fallait de l'argent, beaucoup d'argent pour l'impression.

Ce fut alors que, pour faire face à ce nouvel incident, M. de Lamartine adressa une lettre à ses souscripteurs et à ses amis et qu'il ouvrit un emprunt littéraire par bon de 20 et 40 fr.

Cet emprunt littéraire avait le tort de venir en temps inopportun. Il passa dans la grande généralité des affaires européennes et les besoins de l'époque. On le remarqua, mais on songeait à autre chose. La littérature pâlissait devant la politique ; la politique fit tomber l'emprunt littéraire.

M. de Lamartine, pour contracter cet emprunt, s'est adressé aux masses, afin de prouver, une fois de plus, qu'il était homme d'indépendance, qu'il ne voulait rien recevoir que du fruit de son travail et être racheté par le travail ; et où en trouver une plus belle preuve que dans le refus qu'il fit au Corps législatif, quand les députés eurent l'estimable pensée d'appeler le gouvernement à son aide, en faisant payer par la France les dettes de l'homme politique de 1848 ?

« Je ne puis accepter, dit-il, car il vous faudrait aussi récompenser mes collègues, qui l'ont tous mérité autant que moi. »

Il y a deux manières d'offrir ; mais il n'y en a qu'une seule pour refuser dignement : c'est celle que M. de Lamartine a employée.

La lutte recommença plus tenace que jamais.

Il ne se lassa pas. Il persista dans sa noble devise : *Libération par le travail.*

On comprendra et encore mieux on sentira combien cette âme généreuse, ce cœur si droit, si pur, si fier, a dû souffrir dans ces alternatives de doutes, de contradictions, devant cette pénible nécessité, accablé sous le nombre de ses revers, mis en spectacle aux yeux de tous, après tant de dévoûment, d'abnégation et de vertus. Le méritait-il ?

VIII

Il y a là une grande réparation à faire, un acte de loyauté, exigé depuis longtemps, à accomplir, une justice à rendre pour l'honneur de la jeunesse. Faisons cette amende honorable. Soyons donc vraiment grands par l'acte comme par la parole. Rehaussons-nous aux yeux des autres nations. Imitons la nation allemande, soyons fiers pour nos talents nationaux. Que l'homme de génie en France devienne pour tous un ami. Elevons-nous en lui, par lui et avec lui. Soyons grands et fiers pour lui. Ecartons l'envie aux arguments boiteux, aux conseils pernicieux ; que la satire ne nous mène plus par ses fils grossiers au labyrinthe de l'erreur; ne traitons pas en ennemi l'homme si supérieur à ses ennemis, ni en indifférent le cœur qui a tant aimé. Abdiquons toute haine, tout souvenir de coterie, de partis; ne nous lassons pas de bien faire; que l'admiration ne devienne pas un joug insupportable, fatigant; mais que l'éloge, la vérité, entonnent un chant de ravissement aussi agréable à entendre que le souffle du zéphyr dans la feuillée d'automne, aux dernières lueurs du soir. Ecartons la tempête qui menace de fondre sur cette tête vénérable. Soutenons de nos sympathies, de notre amour, ce vieux drapeau de la poésie, cet antique blason de l'honneur de la maison des Piast, que, lui, tient si élevé et si pur. Que l'opinion publique entoure de ses éloges les derniers moments du bienfaiteur de l'humanité; que les accents d'une génération entière s'élèvent en chœur, sur ses pas chancelants, comme le frais murmure de l'onde, comme les sons retentissants de l'airain dans les paisibles campagnes.

Contemplons une dernière fois avec tristesse cette grande figure mise en exil chez ses concitoyens et qui éclaire notre siècle d'un si bel éclat. Astre sublime de l'intelligence, phare lumineux de la pensée placé au sublime faîte du présent et de l'avenir, sur le rocher désert du proscrit, dans sa patrie, abandonné de tous, rivé au pilori du labeur, aux fatigues de la journée. N'est-ce pas un reproche à notre ingratitude que ce nouveau Prométhée qui apparaît ainsi sur le roc du désespoir, de ce Sainte-Hélène qu'il heurte de ses mains, de sa tête, qu'il arrose de sa sueur et de son sang. — Noble vieillard, sa lyre sous ses doigts défaillants ne jette plus à l'immortalité ses Harmonies si belles, ses Méditations si douces. Ses yeux obscurcis de larmes, son cœur épuisé de souffrance, cherchent une tombe, et, à demi-descendu, il élève au-dessus de sa tête, il montre à tous le vase de fiel, l'éponge trempée de vinaigre qui lui ont été donnés à sa dernière heure.

Toutes ces choses doivent mettre dans nos cœurs un reproche violent et nous accuser d'injustice, d'égoïsme et de matérialisme.

Nous recherchons les causes des opprimés, des faibles, des persécutés, des délaissés, des vaincus.

Mais l'opprimé, le faible, le persécuté, le délaissé, le vaincu, l'homme de douleur, nous le possédons. Il est au milieu de nous; chacune des grandes causes politiques et d'humanité de notre époque est remplie de son nom; son empreinte est marquée dans toutes les grandes questions. Il a été le champion de l'ancien et du nouveau continent pour la liberté. Chaque cause d'infortune a été la sienne. Qu'attendons-nous pour lui témoigner notre humble reconnaissance, pour nous souvenir, pour réparer l'omission? Payons la dette que l'humanité a contractée. Hâtons-nous de lui assurer son foyer chéri, qui ressemble au nid désert d'où l'hirondelle a fui pendant de longs hivers, la vieille tour de ses aïeux, l'humble champ de son père, près de la montagne rustique, le vallon rempli des échos de sa voix, le ruisseau plus désiré qu'aperçu près duquel il venait s'inspirer, composer, le chêne vert, le tilleul, le vieux charme, couvrant de leur ombre l'humble banc placé par sa bonne mère et autour duquel venait s'ébattre sa joyeuse famille enfantine, le feuillage répète encore leur doux babil et redit le bonheur de cette mère si aimée. Conservons le toit hospitalier consacré au pèlerin, au voyageur, au pauvre, le massif de sureau, près du vieux chemin, où, enfant, ses petites mains ont préparé le pipeau rustique, cette première lyre de l'enfance, le champ de vigne, le pain de ses vieux vignerons. Le tombeau de ses pères, de sa famille, ne sera pas vendu. La cendre de ses aïeux ne sera pas jetée au vent, dispersée en lieux divers. Sa tombe ne sera pas effacée à côté de la place qu'il s'est choisie. Nouvel Antigone, il ne quittera pas son Œdipe.

M. de Lamartine offre à un dernier rabais ses ouvrages, ses œuvres remarquables par leur beau sujet, leurs nobles pensées. Aujourd'hui que chacun lit, que tout le monde veut posséder de bons ouvrages, dignes d'être conservés, méritant le choix d'un bon accueil; aujourd'hui que le pauvre aussi bien que le riche, l'homme des villes comme celui des campagnes, la modeste commune comme l'opulente cité, veut posséder sa bibliothèque; que tous souscrivent collectivement, séparément, dans la mesure de leur force, dans les proportions de leur fortune; qu'ils s'enrichissent de ces joyaux précieux, de ces amis vrais, de ces sages consolateurs des âmes et du cœur, de ces remèdes puissants contre les maladies des passions, les peines de la vie, et bientôt de bonnes pensées viendront éclore dans les masses et faire naître de bonnes pensées pour le bien, vers la perfection, c'est continuer l'œuvre de Dieu sur la terre, ramener la créature à la morale et aux vertus.

IX

Après, nous retrouverons le poète, nous lui dirons de nous chanter quelques belles poésies. Puisse sa voix harmonieuse jeter quelque douceur dans la sécheresse, dans l'uniformité de nos jours, et ranimer notre littérature expirante! Nous n'avons plus de poésie, et « c'est surtout par de grands poèmes que les nations sont représentées. »

« La poésie, c'est l'idée ; la politique, c'est le fait. Autant l'idée est au-dessus du fait, autant la poésie est au-dessus de la politique. »

Lui, si bon, nous redira encore de beaux chants lyriques. Malgré l'orgueil, malgré tout, il faudra lui rapporter nos lyres brisées, nos poèmes inachevés. Nous lui dirons : réveillez ce siècle, hélas, qui promettait de si belles choses! Puis, nous lui poserons un grand problème : nous lui demanderons ce que sera la poésie dans l'avenir?

Il est le seul au monde qui le sache, a dit un grand écrivain! .

. . . .

Aux conceptions du génie chacun ne peut prétendre. La nature a ses proportions réglées, ses grandeurs comme ses faiblesses. Chaque être a sa force, chaque force sa direction, chaque direction ses erreurs, toutes les erreurs leurs passions; aux nobles cœurs les pensées hardies et généreuses; au génie l'héroïsme du sublime, comme aussi l'apogée de la souffrance.

Pour la nouvelle souscription de ses œuvres, s'adresser à M. de Lamartine, rue Ville-l'Évêque, 43.

Paris.

PARIS. — IMPRIMERIE DE É. BRIÈRE, RUE SAINT-HONORÉ, 257.

www.ingramcontent.com/pod-product-compliance
Ingram Content Group UK Ltd.
Pitfield, Milton Keynes, MK11 3LW, UK
UKHW022141260726
13993UKWH00005B/2082